KB190703

5대 솔라 성경공부 5

개혁주의생명신학 선언문

오직 하나님께 영광

지은이 **장 종 현**

장종현 박사는 충남 아산시 영인면 성내리 안골에서 농부의 아들로 태어났습니다. 중학교 3학년 때 예수님을 영접한 이후 무릎 꿇고 받은 사명을 감당하기 위해 1976년 11월 1일 "진리가 너희를 자유케 하리라"(요 8:32)는 말씀을 붙잡고 백석학원(백석대학교, 백석문화대학교, 백석예술대학교, 백석대학교평생교육신학원)과 기독교연합신문사를 설립했습니다.

그는 백석학원이 세상에 존재하는 또 하나의 대학이 아니라 오직 하나님의 말씀에 의해서 사람을 변화시키고 영적 생명을 살리는 기독교 대학을 세우기 위해 일평생 헌신하고 있습니다. 그는 개혁주의 5대 표어를 생명처럼 여기면서 신학이 학문으로 전락해서는 안 되고 그리스도의 생명이어야 한다는 것을 깊이 깨닫고 개혁주의생명신학을 주창했습니다. 개혁주의생명신학은 개혁주의신학을 실천하는 운동입니다. 본서는 5대 솔라를 현재의 의미로 재해석해 삶 속에서 적용하도록 안내하는 성경공부 교재입니다.

오직 하나님께 영광!

백석연구소 총서 6-5

5대 솔라 성경공부 5

개혁주의생명신학 선언문 : 오직 하나님께 영광

발행일 2020년 10월 31일 초판 1쇄
지은이 장종현
발행처 백석정신아카데미
　　　　충청남도 천안시 동남구 문암로 76
　　　　전화: 041)550-2090　팩스: 041)550-0450
문제출제 김은홍(백석대학교 기독교학부)
펴낸곳 기독교연합신문사(도서출판 UCN)
　　　　등록번호: 제21-347호　등록일자: 1992년 6월 28일
　　　　주소: 서울특별시 서초구 남부순환로 2221 5층
　　　　전화: 02)585-0812　팩스: 02)585-6683
　　　　전자우편: ucndesign@naver.com
디자인·인쇄 기독교연합신문사 디자인실
ISBN 978-89-6006-920-6　93230

5대 솔라 성경공부 5
개혁주의생명신학 선언문

오직 하나님께 영광

장종현 지음

도서
출판

5. 오직 하나님께 영광

01 영광을 드러내시는 하나님　　　　　　　9

02 영광을 받으시는 하나님　　　　　　　21

03 영광을 하나님께 돌리는 희생과 봉사　　　33

04 빛과 소금으로 하나님께 영광을　　　　　45

교회와 세상을 변화시키는
개혁주의 5대 솔라

500여 년 전 중세교회는 교황의 권위와 교회의 전통을 성경 위에 두는 죄를 범했습니다. 종교개혁자들은 이러한 잘못된 가르침에 맞서 '5대 솔라'의 신앙원리를 정립했습니다. '5대 솔라'는 '오직 성경', '오직 그리스도', '오직 믿음', '오직 은혜', '오직 하나님께 영광'입니다. 이는 성경에 근거한 가르침으로, 개혁주의신학(Reformed Theology)의 핵심입니다. 그러나 오늘의 개혁주의신학은 종교개혁의 정신을 잃어버렸습니다. 학문과 교리는 붙들면서도 말씀에 순종하는 삶은 소홀히 함으로 복음의 생명력을 약화시켰습니다. 참된 신학은 성령의 도우심으로 하나님과 예수 그리스도를 인격적으로 아는 것입니다. 성령의 인도하심을 받지 않는 신학에는 예수 그리스도의 생명이 없습니다. 신학은 학문이 아닙니다. 예수 그리스도의 생명의 복음입니다.

개혁주의신학이 예수 그리스도의 생명을 회복하도록 우리는 '개혁주의생명신학'(Reformed Life Theology)을 주창하고 실천해 왔습니다. 이는 새로운 신학이 아닙니다. 개혁주의생명신학은 교회와 세상을 말씀에 비추어 보아 그릇된 것은 바로잡고 올바른 것은 계승하는 개혁주의신학을 따릅니다. 개혁주의생명신학은 하나님의 말씀 가운데 나타나는 예수 그리스도의 생명의 역사가 회복되기를 소망합니다. 이를 위해 성령의 인도하심을 따라 먼저 자신을 말씀과 기도 가운데 개혁하고, 교회를 예수 그리스도의 생명으로 새롭게 하며, 세상을 예수 그리스도의 복음과 사랑으로 변화시키려 합니다.

우리 총회와 백석학원은 종교개혁 500주년을 맞이하여 새로운 각오와 결단으로 하나님의 말씀인 성경을 근본으로 삼아 『개혁주의생명신학 선언문』(2017년)을 교회와 세상을 향해 내어놓았습니다. 『개혁주의생명신학 선언문』은 장로교를 비롯한 모든 교파들이 수용할 수 있는 '종교개혁의 5대 솔라'를 현재의 의미로 재해석하는 일에 많은 노력을 기울였습니다. 한국교회의 가장 큰 문제인 분열과 세속화를 성경 중심으로 해결할 수 있도록 한 것입니다. '종교개혁의 5대 솔라'는 500년 전에만 효력이 있었던 것이 아니라 성경을 기준으로 살아가는 오늘의 우리에게도 여전히 능력이 있으며, 참된 신앙의 원리임을 재발견하였습니다.

그것은 단지 종교개혁자들의 신앙을 대변하는 구호에 그치지 않고, 우리의 삶 가운데서 살아내야 할 하나님의 생명 있는 말씀임을 확인한 것입니다. 『개혁주의생명신학 선언문』은 무너져가는 한국교회를 16세기 종교개혁의 정신으로 다시 살려내기 위해 '개혁주의 5대 솔라'를 중점적으로 다루고 있습니다. 종교개혁 503주년 을 맞이하면서 『개혁주의생명신학 선언문』에서 명시하는 개혁주의 5대 솔라를 성도들이 쉽게 연구하면서 삶 속에 적용하기 위한 성경문제집을 발간합니다.

이번에 발간되는 『5대 솔라 성경공부』(2020년)는 이미 출판된 『백석학원의 설립정신』(2014년)과 『개혁주의생명신학 선언문』(2017년), 『개혁주의생명신학 7대 실천운동』(2018년)과 개혁주의생명신학 7대 실천운동을 다룬 『생명을 살리는 성경공부』(2019)와 함께 '신학은 학문이 아니라 영적 생명을 살리는 복음이며, 나아가 교회와 세상을 변화시키는 마중물이 되어야 한다'는 개혁주의생명신학의 근본 취지를 드러내고 있습니다. 아무쪼록 『5대 솔라 성경공부』(2020년)가 500여 년 전에 불같이 일어났던 종교개혁의 참된 정신을 회복하게 하는 불쏘시개가 되어 한국교회를 새롭게 하며, 생명을 살리는 진원지 역할을 감당하는 일에 조금이나마 도움이 되기를 바라는 마음을 담아 본 교재를 세상에 내놓습니다.

2020년 10월 31일
(종교개혁 503주년에 즈음하여)

백석대학교·백석문화대학교·백석예술대학교
백석대학교평생교육신학원·기독교연합신문사

설립자 장종현 박사

1 영광을 드러내시는 하나님

핵심 성경구절

> "너희 권능 있는 자들아 영광과 능력을 여호와께 돌리고 돌
> 릴지어다 여호와께 그의 이름에 합당한 영광을 돌리며 거룩
> 한 옷을 입고 여호와께 예배할지어다"(시 29:1-2).

하나님의 영광을 드러내기 위해 구원받은 사람은 예수 그리스도를 본받아 십자가와 부활의 삶을 삽니다. 예수 그리스도는 우리의 왕이요, 주님이십니다. 우리는 그분의 권위 있는 말씀에 순종함으로써 그분이 우리의 신앙과 삶을 다스리시는 왕이시자 주님이심을 인정해야 합니다. 예수님께서 우리에게 십자가를 통한 영광의 길을 보여 주셨다면 우리는 장차 얻을 영광스러운 삶을 소망하면서 기꺼이 십자가를 지는 삶을 살아야 합니다. 우리의 신앙과 삶의 절대적 기준은 하나님 말씀입니다. 우리 자신의 불완전한 판단보다는 지혜의 근원이신 하나님 말씀이 우리 삶을 다스릴 때, 우리는 전적으로 하나님을 의지하고 하나님의 주권에 모든 것을 의탁하며 하나님께 온전히 영광을 돌릴 수 있습니다.

- 『개혁주의생명신학 선언문』, 119-120.

○ **주기철 목사, 오직 하나님께 영광을 제1덕목으로**

일본의 신사 참배를 거부하며 1938년부터 약 6년간 옥중에서 항거하다가 1944년 4월 21일 순교한 주기철 목사님은 그의 일생을 오직 하나님께만 맡긴 분입니다. 주 목사님은 일본 경찰에 끌려가기 직전 교인들과 그의 가족들에게 이렇게 말씀하셨다고 합니다.

"사람이 한번 마음먹은 바를 이루기란 그리 쉬운 일이 아니오. 특별히 옥중에서 하나님만을 믿는 신앙을 지키기란 더욱 어려운 일일 것이오. 그러나 나는 하나님의 도우심만 구하며 끝까지 싸울 것이요. 설혹 내가 옥중에서 죽는 일이 있더라도 내 말을 기억하고 이것 하나만은 지켜 주기 바라오. 나의 죽음으로 인하여 혹 나를 칭찬하지 말기 바라오. 오로지 모든 영광을 하나님께 돌려주시오. 그분만이 모든 일에 찬송 받으실 분이시기 때문이오."

이처럼 주기철 목사님은 어떤 한 일에서든지 오직 하나님 영광을 드러내는 일을 제1의 덕목으로 삼았습니다. 그러기에 죽음을 생각하는 그 순간에도 자신의 죽음이 하나님의 영광을 드러내는 선한 도구가 되기를 간절히 사모하였던 것입니다. 모든 영광은 하나님이 받으셔야 한다고 '오직 하나님께만 영광'(soli Deo Gloria)이라고 표현한 것은 종교개혁자들, 특히 칼빈의 사상이었습니다. 우리는 주님께 영광을 돌리도록 힘써야 할 것입니다. [김충남, 『순교자 주기철 목사 생애』은혜출판사, 2016]

1. 하나님은 그의 영광을 스스로 어떻게 드러내실까요?

시 19:1

하나님은 창조주이시므로 모든 피조물을 통해서 영광을 받음이
마땅하고 피조물인 인간은 모든 영광을 하나님께 돌려야 합니다.
이것이 성경의 가르침입니다. 세상의 거짓된 종교들과 인본주의
나 물질을 우상시하는 종교들로는 하나님의 창조를 알 수가 없습
니다.

롬 11:36

하나님의 영광은 우리의 손에 달린 것도 아니며, 우리의 행동에 의
해 좌우되는 것도 아닙니다. 하나님 자신만이 영광의 주체이시며
동시에 그 영광의 대상이십니다. 하나님께서는 자신의 영광을 스
스로 받으시되 자신의 모든 피조물들을 통해 받기를 원하십니다.

○ 창조주이며 만유의 주이신 하나님

2. 하나님께서 우주 만물을 창조하신 목적은 무엇입니까?

고전 8:6 --

하나님은 우주의 창조자일 뿐만 아니라 우주의 통치자, 지배자라는 말씀입니다. 신앙의 깊이는 내가 모든 것을 주관하느냐 주님께서 주관하느냐에 달려 있습니다. 내 생각, 감정, 경험, 욕망을 따라 사는 것이 아니라 주님의 뜻, 말씀, 성령의 인도하심을 따라 사는 것입니다.

계 4:11 ---

하나님은 그분의 영광이 드러나는 방향으로 역사를 주관하십니다. 하나님께서 온 세상의 흥망성쇠와 한 개인의 생사화복을 주관하시면서, 어떤 개인이나 단체가 그의 영광을 가로채는 것은 막으시고 그의 영광이 세세무궁하도록 역사하십니다.

3. 하나님이 세상에 자신의 영광을 드러내시는 방법은 어떤 것입니까?

사 35:2 _____

_____

_____

_____

하나님은 창조하신 아름다운 세상을 통해 그의 영광이 드러나길 원하십니다. 비록 인간의 죄로 인해 타락한 세상의 모습이지만, 구원을 통해 원래 하나님이 창조하신 세상의 모습은 예수님이 재림하셔서 하나님 나라가 임할 때 회복되며 온전한 영광이 나타나실 것입니다.

시 8:1 _____

_____

우리 하나님은 능력이 많으시며 그의 지혜가 무궁하시기 때문에 온 우주 만물을 창조하셨습니다. 우리는 하나님이 지으신 온 천하 만물의 아름다운 모습을 통해 하나님의 위대함을 알 수 있습니다. 우리의 노력과 수고 없이도 하나님께서는 스스로 자신의 영광을 드러내십니다.

◦ 그리스도의 구원 사역을 통한 하나님의 영광

4. 하나님의 영광이 드러나지 않게 되는 이유와 해결 방법은 무엇일까요?

롬 8:22-23 _____

_____

_____

모든 피조물은 하나님이 창조하셨습니다. 특별히 하나님의 자녀에게 피조물은 특별한 관계에 놓여 있습니다. 하나님의 자녀는 피조세계를 통해 자신의 위치와 하나님의 영광의 그림자를 발견하고 자신을 창조하고 이 땅에 존재하게 하신 하나님의 존귀와 권능과 거룩하심을 바라보아야 합니다.

계 5:13 --

세상의 모든 피조물은 우리와 더불어 십자가의 죽음에서 생명과 부활의 영광을 입으시고 하나님의 나라로 승천하셔서 존귀와 권능의 보좌에 앉으신 예수님과 하나님 아버지의 자리로 초대받기를 간절히 사모하며 우리의 궁극적 삶의 목표로 삼아야 합니다.

5. 하나님은 영광을 드러내실 계획을 어떻게 성취하실까요?

요 17:5 --

성도를 구속하신 것은 하나님의 영광이 드러나도록 하시는 방법입니다. 하나님이 구원을 계획하셨고 이루십니다. 인간의 공로나 선행에 의한 것이 결코 아닙니다. 하나님이 의롭게 여기시고 계획하셨습니다. 우리 인간에게서 하나님의 형상이 회복될 때, 하나님의 영광이 드러나는 것입니다.

빌 3:21 ⋯⋯⋯⋯⋯⋯⋯⋯⋯⋯⋯⋯⋯⋯⋯⋯⋯⋯⋯⋯⋯⋯⋯⋯⋯⋯⋯⋯⋯⋯⋯⋯⋯⋯⋯

⋯⋯⋯⋯⋯⋯⋯⋯⋯⋯⋯⋯⋯⋯⋯⋯⋯⋯⋯⋯⋯⋯⋯⋯⋯⋯⋯⋯⋯⋯⋯⋯⋯⋯⋯⋯⋯⋯

⋯⋯⋯⋯⋯⋯⋯⋯⋯⋯⋯⋯⋯⋯⋯⋯⋯⋯⋯⋯⋯⋯⋯⋯⋯⋯⋯⋯⋯⋯⋯⋯⋯⋯⋯⋯⋯⋯

성도의 구원은 예수님의 십자가와 부활로 완성되었으며, 우리는 그분의 사역과 말씀을 믿고 구원을 얻습니다. 그리스도의 십자가의 고난과 부활은 성도의 구원에 있어서 가장 중요한 것입니다. 부활하신 그분이 재림하실 때 우리는 구원받은 천국 백성으로서 영광의 몸을 이루게 됩니다.

○ 구원받은 신자의 기본적인 신앙생활의 자세

6. 하나님의 영광과 우리의 구원은 어떤 관계가 있습니까?

시 62:7 --

요 7:18 --

하나님이 구원을 계획하셨고 성도를 구속하는 일은 하나님만이
이루십니다. 인간의 공로나 선행에 의한 것이 결코 아닙니다. 하
나님은 의롭게 여기시고 선행을 낳도록 계획하십니다. 우리에게
구원을 베푸신 하나님의 은혜로 인해 예배는 시작됩니다. 자신이
죄인임을 인정하고 하나님의 자비를 구하는 데서 예배는 이뤄집
니다. 예배 장소와 제단이나 형식보다 예배자의 거룩함이 중요합
니다. 참예배자는 예수님을 보내신 이의 영광을 감격하고 경험한
사람들입니다.

7. 구원받은 신자의 생활 자세는 예배와 어떤 관계가 있습니까?

고전 10:31 --

매사에 하나님 중심으로 생각하고 행동하는 일, 즉 먹는 일이나
마시는 일 등 사소한 일이라도 하나님의 영광을 드러내도록 하는
마음의 자세는 중요합니다. 구원받은 신자의 삶은 언제나 하나님
앞에서 사는 자세를 우선 갖추어야 합니다.

롬 15:6 --

우리가 신앙을 고백하고 예배에 참석해서 찬양을 드리고 하나님
말씀을 듣고 은혜받는 것이 하나님께 영광을 돌리는 자세입니다.
마찬가지로 우리의 생활 속에서 형제와 자매들이 한마음과 한입
으로 믿음의 한 공동체를 이루어 나가는 것이 하나님께 영광을 돌
리는 것입니다.

핵심 포인트

영광은 하나님의 완전성, 탁월성, 임재를 표현하기 위해 특별히 사용된 용어입니다. 오직 하나님께 영광은 우리 삶의 내용과 목적이어야 합니다. 이 구호는 '오직 하나님께만 영광'이라는 의미로 해석하는 것이 정확합니다. 이 해석은 하나님 중심 사상을 대변하기 때문에 인간이 주인공이 되는 모든 형태의 인간 주체 사상을 거부하는 것을 의미하기 때문입니다.

우리가 하나님의 영광이라는 구호를 단순히 자신의 성공이나 자기가 속한 교회 성장의 명분이나 어떠한 수단으로 삼아서는 안 됩니다. 하나님의 영광이 드러나도록 하는 것이란 그 주체가 사람이 아니라 하나님이라는 신앙의 기본 자세를 말합니다. 성경 전체가 이 내용을 말씀하고 있으며, 하나님이 창조하신 천하 만물이 이를 증거하며 하나님의 영광을 나타내는 것이 그 증거입니다.

한 주간 기도

우리가 하나님의 영광이 드러나도록 살면서 늘 하나님과 함께하는 것으로 즐거워하며 살게 하옵소서!

한 주간의 실천

말씀의 거울로 본 나의 삶	월	화	수	목	금	토	주일
1. 오늘은 하나님께 영광을 돌리는 삶이었는가?							
2. 이웃들의 구원을 위해 복음을 전했는가?							
3. 구원의 기쁨과 찬양이 오늘도 내게 넘치고 있는가?							
4. 나의 생활 모습이 삶으로 예배하듯 하나님 앞에 있었는가?							
5. ○○○ 선교사를 위해서 위해 기도했는가?							

2

영광을 받으시는 하나님

핵심 성경구절

"여호와여 영광을 우리에게 돌리지 마옵소서 우리에게 돌리지 마옵소서 오직 주는 인자하시고 진실하시므로 주의 이름에만 영광을 돌리소서"(시 115:1).

오직 하나님께 영광은 우리 삶의 목적입니다. 그러므로 우리는 삶 가운데 오직 하나님께 영광을 돌리기 위해 힘써야 합니다, 웨스트민스터 소요리문답 제1문답은 '사람의 제일 되는 목적은 하나님을 영화롭게 하는 것과 영원토록 그를 즐거워하는 것'이라고 말합니다.

― 『개혁주의 생명신학 선언문』, 114.

○ 음악을 통해 하나님께 영광을 돌린 바하

200년에 걸쳐 50명 이상의 유명 음악가를 배출한 유럽의 음악가 집안이 있습니다. 그중에서도 가장 유명한 음악가가 서양 음악의 아버지라 불리는 요한 세바스찬 바하(J. S. Bach; 1685-1750)입니다. 그는 인류 역사상 가장 아름다운 음악을 작곡한 사람으로 평가 받는 위대한 작곡가입니다. 그의 음악은 고전주의 음악뿐만 아니라 현대음악에도 큰 영향을 주었습니다. 그의 삶의 태도는 그의 신앙에서 비롯된 것이었습니다. 그는 독실한 신자였고 그의 음악은 그의 고난과 아픔을 배경으로 한 그의 신실한 신앙에서 나온 것들이었습니다. 그는 연속되는 어려운 삶 속에서도 하나님만 생각했고, 사람들이나 시련 때문에 좌절하지 않았습니다. 주님께 도움을 구하며 음악을 통해 하나님께 영광을 돌리고자 했습니다.

그가 남긴 악보에는 그의 깊은 신앙의 흔적들이 남겨져 있습니다. 오라토리오나 칸타타 악보에는 S. D. G. (Soli Deo Gloria: 하나님의 영광을 위하여)가 적혀 있습니다. 오르간 곡에는 I. N. I. (In Nomine Jesu; 예수의 이름으로)가 적혀 있습니다. 칸타타와 수난곡들의 악보 초두에는 J. J. (Jesu Juva; 예수님 도우소서)가 들어 있습니다. 그는 종교적 예술과 세속적 예술 사이의 원칙적 차이를 인정하지 않았으며, 그에게는 두 가지 모두 '하나님의 영광을 위하여' 있는 것이었습니다. 이 모두는 그의 음악과 삶이 하나님을 향하고 있음을 보여 줍니다. [이승하, 『이 사람을 아십니까?』 쿰란 출판사, 2014]

하나님께 영광을 돌린다는 의미는 어떤 특별한 일이 있을 때만 고백하는 것이 아닙니다. 또한 세상에서 훌륭하고 위대한 업적을 남긴 사람들만이 오직 하나님께 영광을 돌리는 것이 아닙니다. 그리스도인들이라면 어느 누구나, 언제, 어디서, 무엇을 하든지 하나님께 영광을 돌리는 삶을 살아야 합니다.

1. 왜 오직 하나님께만 영광을 돌려야 하는지 그 이유는 무엇이며 방법은 어떤 것이 있습니까?

○ 우리가 경배해야 할 대상이신 하나님

2. 하나님은 왜 우리에게 영광을 받으시길 원하십니까?

고전 8:6 ....

....

....

....

창조주 하나님은 이신론의 주장처럼 우주와 자연을 떠나 초연하게 계시는 신이 아닙니다. 한몸에 속해 있는 우주, 자연과 인류 사회 내의 모든 현상들은 개별적인 듯 보이지만 서로 유기적으로 관련됩니다. 이들은 모두 오직 하나님으로 말미암은 피조물이기 때문입니다. 누구도 하나님 외에 영광을 받을 대상이 있을 수 없습니다.

롬 11:36

하나님은 만물을 무에서 창조하신 분입니다. 그분이 우리를 죄와 진노에서 구원하여 영원토록 그 앞에서 살게 하십니다. 그러므로 세상 만물과 모든 영혼들은 그분에게 경배와 영광을 돌려야만 합니다. 이 세상의 모든 것은 하나님의 영광을 위한 것이기 때문입니다.

3. 우리는 하나님께 영광을 어떻게 돌릴 수 있습니까?

대상 29:11

위의 말씀에 설명된 우주(宇宙)가 하나님의 몸이란 뜻입니다. 눈
에 보이지 않는 영(靈)인 하나님이 눈에 보이는 우주의 머리로 비
유됩니다. '보이는 것'은 '나타난 것'으로 말미암지 않습니다(히
11:3). 성경은 창조주 하나님이 초월적(超越的)이면서 동시에 내재
적(內在的)인 하나님이라 말합니다.

롬 11:34-36 _____

하나님의 영광은 우리의 손에 달린 것도, 우리의 행동에 의해 좌
우되는 것도 아닙니다. 하나님께서는 우리를 인격적으로 대하실
뿐만 아니라 심지어 우리의 아버지가 되어 주십니다. 하나님께서

는 자신의 영광을 스스로 받으시되 자신의 모든 피조물을 통해 받기를 원하십니다.

○ 오직 하나님께만 영광을 돌리라

4. 하나님의 영광이 드러나도록 한다는 의미가 무엇입니까?

사 6:2-3 _____

_____

_____

_____

스랍들은 여호와 하나님을 찬양하면서 그분을 '거룩하다'고 선포했고, 온 땅에 충만한 그분의 거룩하심을 '영광'이라고 표현했습니다. 우리 입장에서 '하나님께 영광을 돌린다' 혹은 '하나님을 영화롭게 한다'는 말이지만, 하나님은 스스로 자신의 영광을 '잘' 혹은 '그대로' 드러나게 하신다는 말입니다.

고전 6:20 ....

예배는 하나님의 계획하신 뜻대로 경배의 대상인 하나님만을 온전히 높이는 행위이며, 마음과 몸을 사용하여 하나님의 무한한 가치를 의도적으로 표현하는 모든 행동을 포괄하는 용어입니다. 우리는 예배하기 위해 창조되었습니다.

5. 오직 하나님께만 영광 돌려야 하는 이유는 무엇입니까?

시 115:1 ....
....
....

지금 내가 잘 된 것이 있을 때 나의 능력이나 노력 때문이라고 생각하고 나에게 영광을 돌리지 않아야 합니다. 외형적인 것만 보고 다른 종교가 더 효험 있다고 생각하지도 말고, 오직 하나님만이 온 세상을 다스리시며 원하시는 모든 것을 하시는 분이심을 고백해야 합니다.

고후 4:7-15 --

질그릇 안의 보배만 드러나는 것은 주님만 드러나도록 예배하는
삶을 말합니다. 하나님에 대한 존경과 숭배를 나타내는 의식과
거룩하고 성스러운 대상에 대하여 경의를 가지는 삶입니다. 하나
님이 계획하신 뜻대로 경배의 대상인 하나님만을 온전히 높이는
행위입니다.

> ○ **하나님께 영광을 돌리는 예배**

6. 하나님께 영광을 돌리기 위해 어떠한 예배를 드려야 합니까?

레 9:23 ---

요 4:23 --

하나님께서 이스라엘 백성들을 만나는 장소에 하나님의 영광이
나타났습니다. 성경은 교회를 하나님의 기업이라고 표현합니다.
따라서 교회의 지체인 우리는 모두 예수 그리스도 안에서 하나님
의 영광과 찬송이 되는 것입니다. 하나님이 원하시는 예배는 모
여 드리는 예배도 중요하지만 우리의 삶의 모든 생활이 영과 진리
로 드리는 예배여야 합니다.

7. 하나님께 영광을 돌리면 어떤 일이 일어납니까?

왕상 8:11 --

엡 1:18-19 --

하나님은 구약에서도 이미 사역을 통해 자신의 영광을 드러내셨습니다. 완성된 솔로몬 성전에 임하심으로 하나님의 영광을 드러내셨습니다. 그리스도 안에서 이루어 가실 모든 일들을 통해 영광을 받으십니다. 하나님은 교회에서 이루어지는 사역을 통해 영광을 받으십니다. 험악한 죄인들을 예수 그리스도 안에서 은혜로 하나님의 아들로 거듭나게 하심으로 하나님이 친히 영광을 받으십니다. 따라서 우리가 하나님께 영광을 돌리는 믿음의 예배로 그리스도께서 하나님 우편에 앉은 것과 하나님의 충만한 영광을 볼 수 있게 됩니다.

핵심 포인트

우리가 '오직 하나님께 영광'을 적용할 때, 주의해야 할 두 가지가 있습니다. 첫째는, 하나님이 아닌 다른 대상에게 영광을 돌리지 않도록 주의해야 합니다. 다른 사람에게 감사를 표하고 그들의 공로를 인정하는 것도 중요한 일이지만, 궁극적으로 모든 영광은 하나님께로 돌아가도록 해야 합니다. 두 번째는, 나를 통해서 하나님이 '잘' 드러나도록 했느냐가 핵심입니다. 내가 더 높은 자리에 오르고, 더 많은 돈을 벌고, 더 영향력 있는 사람이 되어야 하나님께 영광을 돌릴 수 있는 것이 아닙니다. 내 삶을 통해서 하나님의 하나님 되심이 잘 드러났다면 그것이 곧 하나님의 영광이 드러난 것이고, 하나님께서 나를 통해 영광을 받으신 것입니다. 우리 자신에게 이런 질문을 해보길 원합니다. "내 생각과 말, 삶에서 하나님이 바르게 드러나고 계신가? 나를 통해 보이는 하나님의 모습은 왜곡되어 있지 않은가?"

한 주간 기도

항상 우리의 생활 속에서 오직 하나님께 영광을 돌리도록 선히 인도해 주옵소서!

한 주간의 실천

말씀의 거울로 본 나의 삶	월	화	수	목	금	토	주일
1. 나의 하나님이 하나님 되심으로 드러났는가?							
2. 구원해 주신 하나님께 늘 감사하고 있는가?							
3. 죄 된 언행과 관습에서 벗어나도록 노력했는가?							
4. 내가 행했던 일을 나의 영광으로 삼지 않고 하나님께 돌리고 있는가?							
5. 나의 생활 속에서 예배를 어떻게 실현하고 있는지 구체적으로 설명해 보자.							

3 영광을 하나님께 돌리는 희생과 봉사

핵심 성경구절

"여호와여 주께서 지으신 모든 것들이 주께 감사하며 주의 성도들이 주를 송축하리이다 그들이 주의 나라의 영광을 말하며 주의 업적을 일러서 주의 업적과 주의 나라의 위엄 있는 영광을 인생들에게 알게 하리이다"(시 145:10-12).

인간의 구원과 삶이 모두 하나님의 은혜로 된 것이기에 모든 영광은 하나님이 받으셔야 한다는 것이 종교개혁자들, 특히 칼빈의 사상이었습니다. '선언문'은 우리 구원받은 신자들이 하나님께 영광을 돌리는 방법에 주의를 기울입니다. 예수님의 삶을 본받아 희생과 봉사의 삶을 통하여 하나님께 영광을 돌리는 것입니다. 우리는 삶의 모든 영역에서 하나님의 주권과 이름이 드러나기 위하여 기도하고 실천해야 합니다. 하나님은 세세토록 영광을 받으시고 또한 현세와 미래에 영광을 우리에게 나눠 주시겠다고 약속하셨습니다.

– 『개혁주의생명신학 선언문』, 112.

○ 노숙자의 대부, 사랑공동체 두재영 목사

은퇴 후 노숙자들의 대부가 된 분이 있습니다. 서울역에서 노숙자들이 홀로서기를 할 수 있도록 상담도 해 주고, 구직 중인 노숙자에게는 재활의 방법을 알려주며 노숙자들에게 삶의 희망을 찾아주는 분입니다. 그분은 백석신학대학원을 졸업하시고, 백석기독교전문대학원 박사를 취득하신 두재영 목사입니다. 그와 지하철 노숙인과의 인연은 오래 전으로 거슬러 올라갑니다. 서울메트로 역장이었던 그에게 노숙자는 역내 질서를 위해 쫓아내야 하는 골칫거리였습니다. 밤이면 밤마다 두재영 역장과 노숙인들은 자리 하나를 두고 싸워야하는 적이었습니다. 하지만 그는 지금 노숙인들을 핍박하던 사람에서 그들을 섬기는 사람으로 변화되었습니다. 40년 동안 주님을 몰랐던 그가 한 간증집회를 통해 회심하게 되었습니다. 하나님을 만난 감격과 은혜로운 만남 가운데 있었던 한 사건이 떠오르며 마음이 괴로웠습니다. 그가 내쫓았던 노숙인 한 사람이 다음날 싸늘한 주검이 되었던 것입니다.

당시 역장이었던 그는 고민에 빠졌습니다. '어떻게 하면 노숙인들을 도울 수 있을까?' 결국 그는 신학공부를 하였고 그들을 위한 교회를 세우고 공동체를 만들어 그들을 섬기기 시작했습니다. 사랑공동체 대표인 두재영 목사는 지금도 서울역 부근에 노숙인 사역을 하시며 희생과 봉사로 하나님께 영광을 돌리는 사역을 하고 있습니다. 그의 간증과 사역을 아래 유튜브에서 볼 수 있습니다. [사랑실천공동체 대표 두재영 목사, https://www.youtube.com/watch?v=UkgcH25m2zg]

1. 그리스도인의 신앙적인 기본 자세는 무엇입니까?

전 12:13 ---

그리스도인은 하나님이 어떤 분이신지 마음을 다해 배워야 합니다. 예수님은 제자들을 염두에 두시고 "내가 그들로 말미암아 영광을 받았나이다"(요 17:10)라고 기도하신 적이 있습니다. 그때에 제자들은 24시간 예수님의 가르침과 행하심을 보고 배우면서 '예수님이 누구신지를 알아가는 것'이 삶의 전부였습니다. 뭔가 종교적인 일을 해야 하나님께서 영광 받으시는 것이 아닙니다. 예수님께서는 "하나님께서 보내신 이를 믿는 것이 하나님의 일이니라"(요 6:29)고 하셨습니다. 예수님은 하나님을 알고 행하는 제자들을 통해 영광을 받으신다고 말씀하셨습니다.

○ 그리스도인의 본분인 희생과 봉사

2. 하나님께 영광 돌리는 지혜로운 삶이란 어떤 자세인가요?

시 111:10

사 43:7

아담의 범죄로 인해 인간은 세상사 모든 일을 바로 바라보고 판단하지 못하게 되었고, 그로 인하여 죽음의 길로 빠져들게 되었습니다. 그러나 하나님께서는 인간의 대적 행위를 원수로 갚지 않으시고 은혜를 베풀어 하나님께서 주시는 구원의 지혜 앞에 다시 서게 하셨습니다. 지혜로운 자는 이 생명의 말씀에 순종하며 그의 입에서 하나님의 말씀이 떠나지 않습니다.

3. 하나님께 영광 돌리기 위한 희생은 어떻게 하라는 것입니까?

요 17:22 _____

_____

마 20:28 _____

_____

하나님의 영광은 하나님께서 우리 앞에 직접 나타내실 때에 보고 듣고 느끼게 되는 장엄함과 거룩함을 말합니다. 요한복음 17장에는 예수님이 십자가에 달리시기 직전 주님의 기도가 십자가에 죽음으로써 하나님의 영광이 드러난다고 했습니다. 죄인을 구원하는 일이 하나님의 영광이었던 것입니다. 바로 그 영광을 제자들에게도 따르라고 말씀을 주셨으며 제자들은 그러한 사역의 모습을 취해야 한다는 뜻입니다. 그리스도를 따르는 제자는 무엇보다도 자기를 부정하며 이웃과 교회와 사회를 살리기 위해 십자가를 지는 일을 하고 있는지 늘 점검해야 합니다.

○ 봉사자로서 그리스도인이 가져야 할 자세

4. 하나님께 영광을 돌리기 위한 봉사는 어떤 의미를 가집니까?

사 43:21 ....

....

벧전 4:11 ....

....

....

....

....

하나님의 백성은 하나님께 찬송으로 영광을 돌려야 합니다. 은사를 각자 받은 대로 하나님의 모든 은혜를 맡은 선한 청지기로서 서로 봉사하며 낮은 자세로 임해야 합니다. 하나님이 말씀을 하시는 것같이 말하며, 하나님이 공급하시는 힘으로 봉사하며 섬기는 일과 범사에 찬송하는 신앙 고백과 섬기는 마음가짐으로 봉사하는 것이 하나님께 영광을 돌리는 삶입니다.

5. 이웃에 대하여 어떤 태도를 갖출 때 하나님께 영광을 돌릴까요?

막 12:30-31 _____

_____

_____

_____

하나님의 사랑은 바다보다 깊고 우주보다 넓습니다. 자신의 생명과 맞바꾼 하나님의 인간 사랑을 가벼이 보고 평가해서는 안 됩니다. 주를 위해 산다고 하면서 이웃과 화평하지 못한 사람은 불신앙을 안고 사는 사람입니다. 하나님과 이웃을 사랑해야 합니다.

고전 10:31-33 _____

_____

_____

_____

_____

성도들은 예수 그리스도의 피로 값 주고 사신 바 되었으므로 이 세상 어느 누구에게도 매이지 않는 진정한 자유인이어야 합니다. 그러나 어느 누구에게도 매이지 않는 자유인이지만 또한 모든 사람에게 매이는 자유인입니다. 즉 나의 행동, 말씨, 습관 등이 신앙이 약한 사람들에게 오해하게 하거나 나쁜 결과를 줄 수 있다면 그들을 위해 나의 자유를 포기해야 된다는 말씀입니다.

○ 하나님께 영광을 돌리는 선교적인 삶

6. 복음전도자의 자세란 무엇을 말합니까?

딤전 2:4 ....

....

세계 모든 사람에게 복음을 전하라는 하나님의 명령인 이 말씀은 곧 우리를 향하신 말씀입니다. 우리도 주님께로 부름받은 그의 제자이기 때문이며, 제자들과 같이 복음을 전해야 할 당연한 의무가 우리에게도 있기 때문입니다.

마 10:9-10

예수님의 제자들의 전도 여행에 필요한 구체적인 사항은 금이나 은·동(고액이거나 잔돈) 여행 경비를 지녀서는 안 되고, 두 벌의 옷이나 신, 지팡이를 가져가서도 안 되었습니다. 예수님의 가르침과 훈련된 제자라면 값없이 받은 것을 값없이 주는 전도의 자세와 그에 합당한 열매를 바르게 알아야 합니다.

7. 하나님께 영광을 돌리는 목적이 선교와 어떤 관련이 있을까요?

살전 2:9

복음 전도의 목적은 지역 교회를 굳건히 세우는 데 있습니다. 성경에는 "가서 교회를 개척하라"고 말하는 구절이 없습니다. 하지만 모든 크리스천은 "모이기를 폐하지"(히 10:25) 않고 지역 교회에 모여야 합니다. 선교의 목표는 사람들이 교회에 모이게 하여 또 다른 교회를 개척하게 하기 위함이지만 이것 역시 하나님의 영광이 나타나야 합니다.

골 3:2-4 ....

....

....

....

교회를 성경적으로 더 잘 세우고 건강한 교회를 만드는 일은 우리의 중요한 사역이 됩니다. 또한 그리스도인으로서 깨어 있는 직업인이라면 직업 자체를 하나님께 영광 돌릴 수 있는 통로로 인식할 수 있어야 합니다. 그리고 교회와 생활에서 이뤄지는 모든 관계를 통해 하나님의 영광을 드러내야 합니다.

핵심 포인트

하나님의 영광은 우리 삶의 목적입니다. 인생의 목적은 하나님을 기뻐하고 그분의 영광을 위해 하나님께 찬송하며 사는 것입니다. 우리의 삶과 기도는 하나님을 알고 그분의 말씀대로 말하고 행하는 것입니다. '하나님께 영광을 돌린다'는 말은 우리의 삶을 통해서도 하나님의 영광을 드러내야 합니다. 그리스도인은 이웃을 위해 십자가를 지는 삶으로 희생과 봉사를 통해 하나님의 살아계심을 증거하며 또한 그분의 영광을 드러내야 합니다. 세상에서 가장 존귀하시고 유일하신 하나님께 그의 이름에 합당한 존귀와 영광을 돌려드려야 합니다.

한 주간 기도

항상 우리의 생활 속에서 희생과 봉사를 통해 오직 하나님께 영광을 돌리며 살게 하옵소서!

한 주간의 실천

말씀의 거울로 본 나의 삶	월	화	수	목	금	토	주일
1. 오늘 주님과의 만남이 있었는가?							
2. 오늘 섬기며 희생 봉사하라는 말씀에 순종했는가?							
3. 남에게 상처 준 일은 없는가?							
4. 하나님의 영광을 나타내는 삶을 살았는가?							
5. 하나님의 말씀을 읽은 내용대로 구체적인 실천이 생활 속에서 있었는가?							

4

빛과 소금으로
하나님께 영광을

핵심 성경구절

"너희는 세상의 소금이니 소금이 만일 그 맛을 잃으면 무엇으로 짜게 하리요 후에는 아무 쓸 데 없어 다만 밖에 버려져 사람에게 밟힐 뿐이니라"(마 5:13).

"이같이 너희 빛이 사람 앞에 비치게 하여 그들로 너희 착한 행실을 보고 하늘에 계신 너희 아버지께 영광을 돌리게 하라"(마 5:16).

삶의 모든 영역에서 하나님께 영광을 돌려야 한다(고전 10:31). 우리가 하나님께 영광을 돌리기 위해서는 날마다 자기 십자가를 지고 희생과 봉사의 삶을 살아야 한다(눅 9:23). 하나님의 영광을 가리는 우리의 실상을 회개하고 그 회개에 합당한 열매를 맺어야 한다(마 3:8).

- 『개혁주의생명신학 선언문』, 25.

○ **직물공장 화재로 큰 손해를 감수하고도 옳은 선택을 한 아론**

아론 퓨어스타인은 메사추세츠 주 로렌스라는 작은 마을의 직물 공장인 말덴밀즈사(Malden Mills)의 사장이었습니다. 지금은 '폴라텍'(Polartec)이라는 회사로 이름이 바뀌었습니다. 그런데 1995년 11월 11일 큰 화재로 공장이 다 불에 타게 됩니다. 공장을 폐쇄하면 아론에게 지급될 화재보험료는 3억 달러였습니다. 많은 사람들이 그가 이 기회에 사업을 정리하거나 공장을 해외로 이전하리라 예상했습니다. 당시 이 공장에는 3,400명의 직원이 있었는데, 만약 공장이 문을 닫으면, 그들은 모두 일자리를 잃게 될 상황이었습니다.

다음날 아론은 기자회견을 통해 공장 문을 닫지 않겠다고 선언하면서 직원들을 향해 공장이 세워질 때까지 그들의 월급을 전액 지원하겠다고 발표했습니다. 직원들은 환호했고 감사의 눈물을 흘렸습니다. 이 일로 그는 공장이 다시 지어지기까지 2천오백만 달러(당시 한화로 300억) 가량의 엄청난 손해를 감수했던 것입니다. 그 후 그와의 인터뷰에서 사회자가 사람들이 70세의 노인이 왜 3억 달러의 보험금을 받아서 그냥 퇴직하지 않았느냐"고 질문을 던졌습니다.

그가 대답했습니다. "그 돈으로 뭐하려고요? 더 많이 먹으려고요? 옷 한 벌 더 사려고요? 그리고 퇴직하고 나서 죽는다고요? 그런 생각은 추호도 없었습니다." 그는 왜 그런 결정을 했냐는 질문에 "그것이 옳은 것이기 때문이다"라고 대답하면서, "곤궁하고 빈한한 품꾼은 너희 형제든지 네 땅 성문 안에 우거하는 객이든지 그를 학대하지 말며"라는 신명기 24장 14절의 말씀을 들려주었습니다. 그가 한 말에서 실행한 일은 하나님의 영광을 위해 빛과 소금의 역할을 충실하게 행한 삶임을 알 수 있습니다. [빌 로빈슨, 『리더야 내려오라』, 크리스천석세스, 2010]

1. 당신의 삶의 목적은 빛과 소금의 의미와 무슨 관계가 있습니까?

시 115:1

계 4:11

하나님의 존재를 부인하거나 멸시 또는 우상을 섬기는 것이 죄입니다. 그리고 이 죄는 하나님과 우리의 사이를 가로막고 하나님의 말씀에 불순종하게 만들기도 하며 심지어 대적하게도 합니다. 그러나 우리가 의식하지 못하는 가운데 삶의 목적이 하나님의 영광을 위한 것이 아니라면 그것 또한 마찬가지입니다. 회개하고 반드시 자신의 삶의 목적을 하나님의 영광을 위한 것으로 바꾸고 하나님께 영광을 돌리도록 노력해야 합니다.

○ 언행과 순종으로 하나님께 영광을

2. 어떤 언어와 행함을 가져야 하나님께 영광을 돌리는 것이 됩니까?

롬 15:5-6 ···

···

···

벧전 2:12 ···

···

···

창조주 하나님께서 우리를 구원하신 유일한 목적은 하나님 나라 백성 삼으시고 온 세계에서 창조주 하나님의 이름에 영광을 돌리게 하는 것입니다. 우리는 하나님 나라를 누리며 예수님을 본받고 열방에 온전히 복음을 전하도록 한마음과 한뜻으로 선행을 펼쳐야 합니다.

3. 하나님의 말씀에 대해 어떠한 태도를 갖는 것이 하나님께 영
   광을 돌리는 것이 될까요?

히 11:6 --

롬 12:1 --

하나님께 영광을 돌린다는 것은 하나님을 기쁘시게 해드리는 것
이라고 말할 수 있습니다. 하나님을 온전히 믿고 순종하는 것(삼
상 15:22)이 삶의 예배이며, 하나님을 전적으로 의지하며 살아가
는 것이 하나님을 기쁘시게 해드리는 것입니다.

○ 성도의 본분인 빛과 소금의 역할

4. 하나님께 영광을 돌리기 위해 그리스도인이 세상의 빛과 소금
이라는 의미는 무엇입니까?

마 5:13

마 5:16

주님은 제자들에게 빛과 소금의 정체성을 말씀하셨습니다. 우리
들은 하나님의 자녀요 주님의 제자이기 때문에 주님은 우리들에
게 해야 할 것과 하지 않아야 할 것을 말씀해 주셨습니다. 소금의
짠맛과 어둠을 밝히는 것이 우리가 갖추어야 할 대표적인 삶의 본
분입니다.

5. '오직 하나님께만 영광'을 돌리기 위해 교회가 해야 할 실천사
   항은 무엇입니까?

고전 6:19-20 --

교회가 이 세상에 존재하는 목적은 하나님께 영광을 돌리기 위함
이며, 하나님께 영광이 드러나도록 헌신해야 합니다. 어떤 직분
이든지 최종적으로 하나님이 우리에게 요구하시는 것은 헌신입
니다. 헌신은 나 중심의 삶에서 하나님 중심의 삶으로 그 삶이 바
뀌는 것을 말합니다.

빌 1:20-21 --

예수님이 보여 주신 희생과 사랑을 본받아 헌신하고 봉사하며 살아갈 때 하나님은 그 모습을 보시며 기뻐하시고 영광을 받으실 것입니다. 따라서 내 생각이나 내 환경에 매이지 말고 하나님이 기뻐하시는 일이라면 모든 삶의 우선순위를 하나님께 두는 헌신의 삶을 살아야 합니다.

○ 우리의 소명은 하나님 나라 확장

6. 우리에게 소명을 주신 하나님의 의도는 무엇입니까?

고전 4:1-2 _____

_____

_____

벧전 4:11 _____

_____

_____

_____

하나님께서는 친히 영광을 받으시기 위하여 이 땅에 그의 교회를 두셨고, 그리스도인들을 불러 세우셨습니다. 또한 우리는 소명을 갖고 세상의 어느 곳에서나, 무슨 일을 하든지 하나님께 영광을 돌려야 합니다. 그것이 무한하신 은혜로 구원을 받고 하나님의 자녀가 된 우리에게 주어진 거룩한 소명인 것을 명심해야 합니다.

7. 하나님을 기뻐하고 하나님의 나라를 소망해야 할 이유는 무엇입니까?

시 57:9-11

마 6:33

신실한 성도는 즐거우나 어려우나 항상 마음으로 하나님을 신뢰합니다. 범사에 하나님을 인정하고 찬양합니다. 우리는 영원한 하나님 나라를 소망하면서 지금 여기에 그의 나라와 그의 의가 이루어지길 기도하면서 그분의 통치를 받으며 하나님 백성으로 하나님 앞에서 살아야 합니다. 그러면 하나님은 우리의 인생길을 선하게 인도하시고 영광을 받으십니다.

핵심 포인트

사람의 제일 되는 목적은 '하나님을 영화롭게 하며 영원토록 그를 즐거워하는 것'입니다. 즉, 사람은 하나님의 영광을 위하여 존재하는 것입니다. 종교개혁자들은 오직 하나님께 영광이라는 구호를 통하여 그들의 삶의 목적과 이유를 분명히 하였습니다. 그들에게 있어서 하나님은 그들의 삶의 중심이었습니다. 오늘날 우리에게 가장 우선시되며 가장 중요한 것은 바로 이 하나님 중심성입니다. 그러나 우리는 오직 하나님께 영광이 아닌 오직 자신에게 영광을 돌리는 시대를 살고 있습니다. 삶의 중심에는 항상 자기 자신으로 채워져서 자기중심적인 생각과 생활이 자신을 위하는 자기애(self-love)의 증상으로 나타납니다. 이것은 세상이 점점 세속주의로 빠져 가는 이유가 됩니다. 오직 하나님께만 영광을 돌리려는 삶의 자세와 태도가 없는 한 우리는 결코 온전한 신앙인이 될 수 없습니다.

한 주간 기도

우리에게 주신 소명과 사명에 충성을 다하여 주님께 영광 돌리게 하옵소서!

한 주간의 실천

말씀의 거울로 본 나의 삶	월	화	수	목	금	토	주일
1. 구원의 기쁨이 내게 넘치고 있는가?							
2. 하나님의 영광을 위하여 노력하며 기도했는가?							
3. 예수님의 십자가와 고난에 동참하였는가?							
4. 그리스도인으로서 세상에 빛과 소금이라는 역할을 다했는가?							
5. 나에게 주어진 소명대로 가정과 교회 그리고 직장에 충성과 헌신을 다했는가?							

5. 오직 하나님께 영광

희생과 봉사의 삶

인간의 구원과 삶이 모두 하나님의 은혜로 된 것이기에 모든 영광은 하나님이 받으셔야 한다는 것이 종교개혁자들, 특히 칼빈의 사상이었습니다. '선언문'은 우리 구원받은 신자들이 하나님께 영광 돌리는 방법에 주의를 기울입니다. 예수님의 삶을 본받아 희생과 봉사의 삶을 통하여 하나님께 영광을 돌리는 것입니다. 우리는 삶의 모든 영역에서 하나님의 주권과 이름이 드러나기 위하여 기도하고 실천해야 합니다. 하나님은 세세토록 영광을 받으시고 또한 현세와 미래에 영광을 우리에게 나눠 주시겠다고 약속하셨습니다.

'오직 하나님께 영광'(soli Deo gloria)은 '오직 성경', '오직 그리스도', '오직 믿음', '오직 은혜'를 하나로 묶어 주는 성경의 원리입니다. 우리의 구원은 오직 하나님께서 시작하시고, 하나님께서 완성하시는 일이기에 구원받은 우리의 최종적인 목적은 '오직 하나님께 영광'입니다.

'오직 성경'은 구약과 신약 66권으로 구성된 성경만이 하나님의 영감으로 기록된 것으로서 우리의 신앙과 삶의 유일한 표준이 된다는 것을 가르칩니다. '오직 그리스도'는 예수 그리스도만이 하나님과 우리 사이의 중보자가 되시며, 우리의 구원자가 되십니다. '오직 믿음'은 예수 그리스도를 믿음으로만 영생 곧 구원을 얻는다는 것입니다. 사람은 어느 누구도 자신의 행위나 공로로는 결코 의를 성취할 수 없으며, 죄 사함을 받는 것 또한 오직 예수 그리스도를 믿는 자에게 값없이 주시는 하나님의 은혜이며 선물입니다. '오직 은혜'는 우리의 믿음과 구원을 포함한 모든 것이 하나님의 은혜로 우리에게 주어진 것을 의미합니다. 로마서 14장 8절은 "우리가 살아도 주를 위하여 살고 죽어도 주를 위하여 죽나니 그러므로 사나 죽으나 우리가 주의 것이로다"라고 말씀합니다. 구원이 오직 은혜라는 사실을 깨닫고 말씀을 따라 사는 모든 성도의 삶의 목적은 오직 하나님께 영광을 돌리는 데 있습니다.

1. 우리 삶의 목적은 '오직 하나님께 영광'이다

오직 성경만이 우리의 최종적인 권위임을 인정할 때 비로소 우리는 인간의 교만이 하나님의 영광을 가리는 일을 막을 수 있습니다. 그리스도의 속죄와 순종만으로 구원을 이루기에 충분하지 않다고 생각한다면 우리에게 전적인 은혜를 베푸시는 하나님께 감사와 영광을 온전히 돌릴 수 없습니다. 우리는 오직 하나님께 영광을 돌려야 하기에 '오직 성경', '오직 그리스도', '오직 믿음', '오직 은혜'라는 성경의 진리를 바르게 실천해야 합니다.

'오직 하나님께 영광'은 우리 삶의 목적입니다. 그러므로 우리는 삶 가운데 오직 하나님께 영광을 돌리기 위해 힘써야 합니다. 웨스트민스터 소요리문답 제1문답은 '사람의 제일 되는 목적은 하나님을 영화롭게 하는 것과 영원토록 그를 즐거워하는 것'이라고 말합니다. 왜 우리는 하나님만을 영화롭게 하고 영원토록 그를 즐거워해야 합니까? 오직 하나님만이 온 천하 만물 가운데 홀로 거룩하시고 홀로 영광 받으실 분이기 때문입니다.

선지자 이사야가 "높이 들린 보좌에 앉으신"(사 6:1) 주님을 뵈었을 때, 성전에서 본 스랍들은 "거룩하다 거룩하다 거룩하다 만군의 여호와여 그의 영광이 온 땅에 충만하도다"(사 6:3)라고 하나님의 영광을 노래했습니다. 로마서 11장 33-36절은 "깊도다 하나님의 지혜와 지식의 풍성함이여, 그의 판단은 헤아리지 못할 것이며 그의 길은 찾지 못할 것이로다 누가 주의 마음을 알았느냐 누가 그의 모사가 되었느냐 누가 주께 먼저 드려서 갚으심을 받겠느냐 이는 만물이 주에게서 나오고 주로 말미암고 주에게로 돌아감이라 그에게 영광이 세세에 있을지어다"라고 말씀합니다. 우리는 이 선포에 대해 '아멘'으로 화답해야 합니다. 온 천하 만물 가운데 하나님께서 우리를 택하시고 예정하셔서 하나님의 자녀로 부르셨기 때문입니다.

마틴 루터는 중세교회의 '영광의 신학'을 비판했습니다. 중세교회는 인간의 사변적 이성으로써 하나님을 알 수 있다고 생각했습니다. 그들은 하나님의 영광의 본체를 있는 그대로 직접 파악할 수 있다고 여겼습니다. 그러나 루터의 생각은 달랐습니다. 하나님께서 인간을 향해 계시해 주시지 않는다면 연약한 피조물인 인간은 무한하신 하나님을 알 수 없다고 여겼습니다. 그래서 루터는 "신학은 학문이라기보다 지혜에 더 가깝다"고 말했습니다. 여기서 지혜란 '경험적인 지혜', '체험적인 지혜'를 말합니다. 그에게 신학은 하나님의 말씀을 삶 속에서 체험하는 것입니다. 여기서의 체험은 말씀을 통해 우리에게 다가오시는 하나님의 임재를 말합니다. 결국 하나님의 말씀으로 고통과 시련, 슬픔과 절망을 극복하는 체험이 신앙인 것입니다. 하나님을 아는 지식의 주도권은 인간이 아니라 말씀하시는 하나님께 있습니다.

하나님께서 자신을 우리에게 보여 주시지 않는다면 우리는 하나님을 알 수 없습니다. 우리는 하나님의 계시를 통해서, 즉 가장 분명한 계시인 성경을 통해서만 하나님을 알 수 있습니다. 그 계시 가운데 가장 신비로운 계시가 그리스도의 십자가와 부활입니다. 예수 그리스도는 인간이 가장 비천하게 여기는 십자가에서 죽으시고 부활하셔서 하나님의 영광을 나타내셨습니다. 이것이 세상의 지식으로는 알 수 없는 복음의 신비입니다.

중세교회는 비록 말로는 '오직 하나님께 영광'을 외쳤지만 인간 이성을 하나님보다 더 높임으로써 하나님의 영광을 훼손시켰습니다. 인간의 사변적 이성으로 하나님의 영광을 파악할 수 있다고 주장했기 때문입니다. 지혜를 찾는 헬라인이 보기에 십자가에 못 박힌 그리스도를 전하는 복음은 미련한 것입니다. 하지만 루터는 "인간의 이성으로는 하나님의 영광을 깨달을 수 없다"고 주장합니다.

고린도전서 1장 23절은 "우리는 십자가에 못 박힌 그리스도를 전하니 유대인에게는 거리끼는 것이요 이방인에게는 미련한 것이로되"라고 말씀합니다. 하나님은 인간이 상상할 수 없을 정도로 낮은 곳인 십자가를 통해 그분의 사랑을 보여 주시고, 그분의 영광이신 그리스도를 주셨습니다. 고린도전서 1장 24절은 "오직 부르심을 받은 자들에게는 유대인이나 헬라인이나 그리스도는 하나님의 능력이요 하나님의 지혜니라"고 말씀합니다. 그래서 루터는 '십자가의 신학'만이 하나님의 영광을 온전히 드러낸다고 주장합니다.

하나님 자신이 영광이실 뿐 아니라, 창조와 섭리를 통해서 자신의 영광을 드러내십니다. 특히 하나님은 백성을 위한 구속의 역사 속에서 자신의 영광을 보여 주십니다. 예수 그리스도는 하나님의 영광을 온전히 나타내심으로써 그러한 역사의 정점을 이룹니다. 요한복음 14장 9절은 "나를 본 자는 아버지를 보았다"고 말씀합니다. 요한복음 14장 13절은 "너희가 내 이름으로 무엇을 구하든지 내가 행하리니 이는 아버지로 하여금 아들로 말미암아 영광을 받으시게 하려 함이라"고 말씀합니다. 사람들은 그리스도를 볼 때에 하나님의 영광을 볼 수 있습니다.

성자 예수님은 십자가와 부활을 통하여 성부 하나님의 영광을 나타내셨습니다(요 1:14; 히 1:3). 요한복음 1장 14절은 "말씀이 육신이 되어 우리 가운데 거하시매 우리가 그의 영광을 보니 아버지의 독생자의 영광이요 은혜와 진리가 충만하더라"고 말씀합니다. 하나님의 아들이신 예수님은 예루살렘 궁전에서가 아니라 베들레헴의 구유에서 태어나셨습니다. 하나님은 죄로 죽어 마땅한 우리 가운데 거하시기 위해 영광스러운 하늘 보좌를 버리고 이 땅에 오셨습니다. 예수님은 성육신을 통해 성부 하나님의 영광을 나타내신 것입니다. 예수님은 탄생과 성장, 공생애 사역을 통해, 특히 십자가와 부활을 통해 하나님의 영광을 보여 주셨습니다.

히브리서 1장 3절은 "이는 하나님의 영광의 광채시요 그 본체의 형상이시라 그의 능력의 말씀으로 만물을 붙드시며 죄를 정결하게 하는 일을 하시고 높은 곳에 계신 지극히 크신 이의 우편에 앉으셨느니라"고 말씀합니다. 예수님은 하나님의 영광을 우리에게 비추어 주시는 광채이며, 하나님의 본체를 우리에게 알려 주시는 그 본체의 형상이십니다. 예수님은 능력의 말씀으로 세상 만물을 창조하시고 유지하시고 섭리하십니다. 예수님은 우리의 죄를 대신 지시고 십자가에서 죽으심으로써 우리에게 죄 사함의 은총을 주셨습니다. 그리고 부활 승천하셔서 하나님 보좌 우편에 앉아 온 세상을 다스리십니다. 예수님은 이 모든 일을 통해 하나님의 영광을 드러내십니다.

성령 하나님은 예수님을 죽은 자 가운데서 다시 살리셔서 영화롭게 하셨습니다. 로마서 1장 4절은 "성결의 영으로는 죽은 자들 가운데서 부활하사 능력으로 하나님의 아들로 선포되셨으니 곧 우리 주 예수 그리스도시니라"고 말씀합니다. 예수님은 부활의 능력을 통해 자신이 하나님의 아들이심을 온 세상에 보여 주셨습니다. 무엇보다 예수님의 부활은 자신이 온 세상을 통치하시는 만왕의 왕, 즉 주님이심을 온 세상에 선포한 것입니다.

히브리서 9장 14절은 "하물며 영원하신 성령으로 말미암아 흠 없는 자기를 하나님께 드린 그리스도의 피가 어찌 너희 양심을 죽은 행실에서 깨끗하게 하고 살아 계신 하나님을 섬기게 하지 못하겠느냐"라고 말씀합니다. 죄 없으신 예수님은 성령 하나님의 도우심으로 자신의 피를 하나님께 대속 제물로 드렸습니다. 예수님은 우리 양심을 죽은 행실에서 깨끗하게 하시고 살아 계신 하나님을 섬기게 하심으로 하나님께 영광을 돌렸습니다.

예수님은 성령을 통해 우리를 정결케 하시고 거룩하게 하심으로써 우리의 성화를 이룹니다. 하나님은 그리스도의 몸 된 교회와 성도들의 신앙과 삶을 통해 자신의 영광을 드러냅니다. 그런데 우리가 하나님의 영광을 나타내는 방식은 예수님께서 행하신 것과 같습니다. 예수님께서 십자가와 부활을 통해 하나님의 영광을 드러내셨듯이, 우리도 십자가의 고난과 부활 승리를 통해 하나님의 영광을 나타내야 합니다.

하나님의 영광을 드러내기 위해 구원받은 사람은 예수 그리스도를 본받아 십자가와 부활의 삶을 삽니다. 예수 그리스도는 우리의 왕이요, 주님이십니다. 우리는 그분의 권위 있는 말씀에 순종함으로써 그분이 우리의 신앙과 삶을 다스리시는 왕이시자 주님이심을 인정해야 합니다. 예수님께서 우리에게 십자가를 통한 영광의 길을 보여 주셨다면 우리는 장차 얻을 영광스러운 삶을 소망하면서 기꺼이 십자가를 지는 삶을 살아야 합니다.

우리 신앙과 삶의 절대적 기준은 하나님 말씀입니다. 우리 자신의 불완전한 판단보다는 지혜의 근원이신 하나님의 말씀이 우리 삶을 다스릴 때, 우리는 전적으로 하나님을 의지하고 하나님의 주권에 모든 것을 의탁하며 하나님께 온전히 영광을 돌릴 수 있습니다.

2. 예수님을 본받아 우리도
세상의 소금이 되어야 한다

우리는 예수님의 성품을 본받아야 합니다. 제자 된 우리는 세상의 소금으로서 믿음의 본을 보여야 합니다. 마가복음 9장 50절은 "소금은 좋은 것이로되 만일 소금이 그 맛을 잃으면 무엇으로 이를 짜게 하리요 너희 속에 소금을 두고 서로 화목하라 하시니라"고 말씀합니다. 레위기 2장 13절은 "네 모든 소제물에 소금을 치라 네 하나님의 언약의 소금을 네 소제에 빼지 못할지니 네 모든 예물에 소금을 드릴지니라"고 말씀합니다.

하나님께 드리는 희생물에는 모두 소금을 쳐야 합니다. 여기서 소금의 목적은 희생물이 하나님이 기뻐하시는 맛을 내도록 하는 데 있습니다. 로마서 12장 1절은 "너희 몸을 하나님이 기뻐하시는 거룩한 산 제물로 드리라 이는 너희가 드릴 영적 예배니라"고 말씀합니다. 우리 자신이 하나님이 기뻐하시는 제물이 되기 위해서 우리 안에 소금이 있어야 합니다. 마가복음 9장 50절은 "너희 속에 소금을 두고"라고 말씀합니다.

마가복음 9장 43절은 "만일 네 손이 너를 범죄하게 하거든 찍어 버리라 장애인으로 영생에 들어가는 것이 두 손을 가지고 지옥 곧 꺼지지 않는 불에 들어가는 것보다 나으니라"고 말씀합니다.

마가복음 9장 42절은 "누구든지 나를 믿는 이 작은 자들 중 하나라도 실족하게 하면 차라리 연자맷돌이 그 목에 매여 바다에 던져지는 것이 나으리라"고 말씀합니다. 하나님이 기뻐하시는 그리스도인은 신앙 공동체에서 믿음이 연약한 사람들에게 걸림돌이 되지 않아야 합니다. 오히려 로마서 15장 1-2절의 "믿음이 강한 우리는 마땅히 믿음이 약한 자의 약점을 담당하고 자기를 기쁘게 하지 아니할 것이라 우리 각 사람이 이웃을 기쁘게 하되 선을 이루고 덕을 세우도록 할지니라"는 말씀에 순종해야 합니다. 우리가 모인 곳에 분쟁과 다툼이 생기는 이유는 우리의 교만하고 부패한 본성 때문입니다.

예수님의 제자들도 누가 하나님 나라에서 더 큰 자인가를 놓고 다투었습니다(막 9:34). 예수님은 제자들 안에 소금이 있어야 서로 화목할 수 있다고 말씀하십니다. 예수님은 "누구든지 첫째가 되고자 하면 뭇 사람의 끝이 되며 뭇 사람을 섬기는 자가 되어야 하리라"(막 9:35)고 말씀하십니다. 베드로전서 5장 3-4절은 "맡은 자들에게 주장하는 자세를 하지 말고 양 무리의 본이 되라 그리하면 목자장이 나타나실 때에 시들지 아니하는 영광의 관을 얻으리라"고 말씀합니다. 겸손으로 양 무리를 섬기고 본을 보일 때 목자장 예수님께서 재림하셔서 우리를 영화롭게 하실 것입니다.

교만 대신 겸손, 시기와 질투 대신에 사랑을 품는 것이 소금을 우리 안에 두는 것이며, 하나님이 기뻐하시는 제물이 되는 것입니다. 무엇보다 겸손히 서로를 섬기며 화목하는 공동체는 소금의 짠 맛을 잃어버리지 않는 공동체입니다. 성도들이 서로 사랑하고 화목할 때,

성령께서 하나 되게 하신 것을 힘써 지킬 때, 세상은 우리를 통해 소금의 맛을 볼 것입니다. 그리스도인의 삶은 세상에 유익이 되며 세상이 함께 기뻐하는 영적 양식이 될 것입니다.

제자 된 우리는 소금과 빛의 삶을 통해 믿음의 본을 보여야 합니다. 마태복음 5장 13절은 "너희는 세상의 소금이니 소금이 만일 그 맛을 잃으면 무엇으로 짜게 하리요 후에는 아무 쓸 데 없어 다만 밖에 버려져 사람에게 밟힐 뿐이니라"고 말씀합니다. 그리스도인이 먼저 서로를 겸손하게 섬기며 사랑하는 공동체가 되지 못한다면 우리는 분열과 다툼이 가득한 세상에 일치와 화평, 사랑을 가져다줄 수 없습니다. 그리스도인이 먼저 나눔을 실천하지 못한다면 세상은 우리를 통해 후히 베푸시는 하나님의 은혜를 경험하지 못할 것입니다. 그럴 때 우리는 쓸모없는 존재가 되며 사람에게 밟힐 것입니다. 그리스도인이 소금으로서의 정체성을 잃어버릴 때 세상은 그리스도인을 가볍게 여기고 조롱할 것입니다. 소금의 맛을 잃어버린 우리 때문에 하나님의 영광이 가리워지고 하나님의 이름이 조롱받게 될 것입니다.

지금 한국교회의 현실이 크게 다르지 않다고 생각합니다. 교회가 세속화 된 것은 우리가 소금의 사명을 감당하지 못한 것이며, 교회의 분열 역시 부패한 인간의 본성이 여실히 드러난 결과입니다.

마태복음 5장 14-16절은 "너희는 세상의 빛이라 산 위에 있는 동네가 숨겨지지 못할 것이요 사람이 등불을 켜서 말 아래에 두지 아니하고 등경 위에 두나니 이러므로 집 안 모든 사람에게 비치느니라 이

같이 너희 빛이 사람 앞에 비치게 하여 그들로 너희 착한 행실을 보고 하늘에 계신 너희 아버지께 영광을 돌리게 하라"고 말씀합니다.

무엇이 세상 사람들로 하여금 하늘의 하나님께 영광을 돌리게 합니까? 그것은 우리의 선한 행실, 착하고 아름다운 행실, 희생과 봉사의 삶을 통해서입니다. 성령의 열매입니다. 사랑과 화평, 인내와 절제, 자비와 긍휼, 의와 진실의 열매입니다. 이런 행실이 있어야 하나님께서 세상 사람들로부터 영광을 받으시는 것입니다.

하나님은 온 세상의 하나님이십니다. 그래서 우리는 온 세상의 모든 영역에서 하나님의 영광을 구해야 합니다. 예수님의 희생을 본받아서 참을 수 없는 것을 참고, 용서할 수 없는 것을 용서하고, 사랑할 수 없는 것을 사랑하고, 덮을 수 없는 것을 덮는 것입니다. 이런 열매를 통해서 그리스도의 흔적을 보이는 사람이 하나님께 영광이 되는 사람입니다. 정치, 경제, 사회, 문화, 교육, 예술 등 모든 영역에서 이런 착한 행실을 통해 하나님께 영광을 돌릴 때 세상은 그리스도의 생명으로 충만해질 것입니다.

그러므로 교회는 세상의 소금이 될 것을 명령받고 있는 성도들이 날마다 자신의 일터에서 소금을 치도록 기도와 지원을 아끼지 않아야 합니다. 성도들이 매일 소금의 역할을 감당하는 것은 쉬운 일이 아닙니다. 죄악과 부패와 싸우며, 아름답고 선한 것을 보존하려고 노력하는 세상의 소금은 말씀과 성령 안에서 살지 않으면 할 수 없는 일입니다. 교회는 성도들이 직장에서 소금을 뿌리는 일에 관심을 가지고 구체적이고 적절한 방법들을 함께 찾고 격려해 주어야 합니다.

3. 예수님을 본받아 우리도
세상의 빛이 되어야 한다

부패한 세상을 썩지 않도록 하는 것이 그리스도인의 사명으로 소
금의 역할이었다면, 죄로 어두워진 세상에 빛이 되는 것 또한 우리의
사명입니다.

요한복음 1장 9절은 "참 빛 곧 세상에 와서 각 사람에게 비추는
빛이 있었나니"라고 말씀합니다. 예수님은 죄로 어두워진 세상에 오
셔서 세상의 빛이 되셨습니다. 요한복음 1장 4-5절은 "이 생명은 사
람들의 빛이라 빛이 어둠에 비치되 어둠이 깨닫지 못하더라"고 말씀
합니다. 요한복음 1장 7절은 "그가 증언하러 왔으니 곧 빛에 대하여
증언하고 모든 사람이 자기로 말미암아 믿게 하려 함이라"고 말씀합
니다. 세례 요한은 죽음으로 가득한 세상에 생명이 되시는 예수님에
대해 증언하기 위해 왔습니다. 이러한 증언을 통해 모든 사람이 빛이
신 예수님을 믿게 하는 것이 우리의 사명입니다. 복음 전파를 통해
죽어가는 영혼을 살리는 것이 우리가 세상의 빛이 되는 길입니다.

우리는 생명 살리는 복음을 전하기 위해 보냄을 받은 주님의 제자
입니다. 요한복음 20장 21절에서 예수님은 제자들을 향해 "너희에게

평강이 있을지어다 아버지께서 나를 보내신 것같이 나도 너희를 보내노라"고 말씀하셨습니다. 예수님께서 십자가와 부활을 통해 성부 하나님께서 보내신 뜻을 온전히 이루신 것처럼 우리도 십자가의 고난과 부활의 승리를 통해 예수님께서 우리를 보내시는 뜻을 온전히 이루어야 합니다.

지금 내가 있는 직장과 학교는 하나님께서 빛이 되라고 보내신 자리입니다. 중세교회는 세상 속에서 평신도들의 역할을 경시했습니다. 교회 사제들과 수도사들만이 하나님의 부르심을 입은 일류 그리스도인들이고 나머지는 이류로 보았기 때문에 평신도들이 가진 직업조차도 얕보았습니다.

그러나 루터는 모든 직업을 하나님의 부르심으로 보았습니다. 그는 노동을 완전히 새로운 관점으로 보게 만들었습니다. 루터에게 세상 모든 일은 하나님을 섬기는 일이었습니다. 직장생활은 예배드리듯이 해야 할 일이었습니다. 교회 봉사만 아니라 내가 하는 모든 일을 통해 하나님께 영광을 돌릴 수 있게 되었습니다. 루터의 이런 혁신적인 관점은 베드로전서 2장 5절을 근거로 한 것입니다. "너희도 산돌같이 신령한 집으로 세워지고 예수 그리스도로 말미암아 하나님이 기쁘게 받으실 신령한 제사를 드릴 거룩한 제사장이 될지니라."

루터는 모든 믿는 자는 거룩한 제사장이라는 하나님의 말씀을 외쳤습니다. 우리는 직장에 보내진 제사장입니다. 개혁주의생명신학은 우리가 이 세상 속에서 예수 그리스도의 일을 감당하는 대리자들로 파송된 자임을 가르칩니다. 그 실천으로 세상의 모든 분야에 있어서 그리스도의 주 되심을 실현하려는 하나님나라 운동을 펼치고 있습니다. 하나님께서 우리를 어디로 보내시든 혹은 어떤 분야에서 일하게 하시든 우리는 그곳에서 하나님의 통치가 이루어지도록 노력할 책임이 있습니다. 그곳에 있는 사람들을 하나님의 백성으로 만들어야 하고, 그 분야가 하나님의 법에 따라 다스려지도록 노력해야 합니다. 우리는 어떻게 제사장 직분을 세상에서 감당할 수 있습니까?

로마서 15장 5-6절은 "이제 인내와 위로의 하나님이 너희로 그리스도 예수를 본받아 서로 뜻이 같게 하여 주사 한마음과 한입으로 하나님 곧 우리 주 예수 그리스도의 아버지께 영광을 돌리게 하려 하노라"고 말씀합니다. 그리스도인은 어떤 사람입니까? 그리스도를 본받는 사람입니다. 로마서 12장 2절은 "너희는 이 세대를 본받지 말고 오직 마음을 새롭게 함으로 변화를 받아 하나님의 선하시고 기뻐하시고 온전하신 뜻이 무엇인지 분별하도록 하라"고 말씀합니다. 우리가 본받아야 하는 것은 죄로 가득한 이 세대가 아니라, 참된 빛이신 예수 그리스도입니다.

예수 그리스도를 본받을 때에 우리는 분열과 다툼을 그치고 서로 뜻을 같이할 수 있습니다. 한국교회 분열을 해결하는 길은 오직 예수 그리스도 안에서만 가능합니다. 예수 그리스도가 우리 안에, 우리가 예수 그리스도 안에 있을 때 모든 허다한 문제들을 해결할 수 있습니다. 누구의 잘잘못을 따지기 전에 스스로의 죄를 먼저 자백하고 회개하는 길은 예수님 안에서만 가능하기 때문입니다.

로마서 15장 7절은 "그러므로 그리스도께서 우리를 받아 하나님께 영광을 돌리심과 같이 너희도 서로 받으라"고 말씀합니다. 죄 없으신 그리스도께서 죄 많은 우리를 용납하신 것처럼 서로의 허물을 사랑으로 덮어 주고 용납함으로써 희생과 봉사의 삶을 사는 것이 그리스도를 본받는 것입니다. 이처럼 그리스도를 본받는 성도들의 삶은 하나님 아버지께 영광을 돌리게 됩니다.

"미쁘다 모든 사람이 받을 만한 이 말이여 그리스도 예수께서 죄인을 구원하시려고 세상에 임하셨다 하였도다 죄인 중에 내가 괴수니라 그러나 내가 긍휼을 입은 까닭은 예수 그리스도께서 내게 먼저 일체 오래 참으심을 보이사 후에 주를 믿어 영생 얻는 자들에게 본이 되게 하려 하심이라 영원하신 왕 곧 썩지 아니하고 보이지 아니하고 홀로 하나이신 하나님께 존귀와 영광이 영원무궁하도록 있을지어다 아멘"(딤전 1:15-17).

하나님은 바울로 하여금 그 자신이 죄인 중에 괴수라고 고백하도록 하십니다. 가장 큰 죄인이라는 말입니다. 예수님께서 바울과 그런 죄인 된 우리를 구원하시기 위해 세상에 오신 것 자체가 긍휼이요, 사랑입니다.

바울이 그리스도인들을 박해하는 동안 예수님은 오래 참으셨습니다. 예수님은 그를 정죄하고 심판하기보다는 그에게 나타나서서 예수님을 믿도록 하시고 예수님의 사람이 되도록 하셨습니다. 예수님은 바울뿐 아니라 이후에 주님을 믿을 모든 자에게도 동일한 긍휼과 사랑을 보여 주셨습니다.

예수님의 사랑을 깨달은 바울은 자신을 박해하고 죽이고자 하는 유대인들을 위해 사랑을 표현합니다. "나의 형제 곧 골육의 친척을 위하여 내 자신이 저주를 받아 그리스도에게서 끊어질지라도 원하는 바로라"(롬 9:3). 하나님의 원수였던 우리를 위해 십자가에서 구원을 베풀어 주신 예수님의 사랑을 입은 우리 그리스도인은 "너희 원수를 사랑하며 너희를 박해하는 자를 위하여 기도하라"(마 5:44)는 말씀에 순종해야 합니다.

한국교회가 사회적으로 지탄받는 어려운 현실이 우리 앞에 있습니다. 그러나 교회가 해야 할 일은 우리를 박해하는 사람들을 긍휼히 여기고 그들을 그리스도의 사랑으로 품어야 합니다. 세상의 도전과 박해가 교회를 무너뜨리는 것이 아니라 우리가 빛 되신 예수 그리스도를 본받지 않기 때문에 위기가 찾아오는 것입니다. 빛이신 예수님을 본받는 것은 행함의 열매로 나타납니다.

디모데전서 4장 12절은 "누구든지 네 연소함을 업신여기지 못하게 하고 오직 말과 행실과 사랑과 믿음과 정절에 있어서 믿는 자에게 본이 되어 내가 이를 때까지 읽는 것과 권하는 것과 가르치는 것에 전념하라"고 말씀합니다. 디모데는 비록 나이가 어렸지만, 말과 행실과 사랑과 믿음과 정절에서 본이 되는 영적 지도자였습니다. 말과 행실과 사랑과 믿음이 우리 행함의 열매로 나타나야 합니다. 그것이 그리스도를 본받은 교회와 성도의 참된 모습입니다.

출애굽기 18장 21-22절은 "너는 또 온 백성 가운데서 능력 있는 사람들 곧 하나님을 두려워하며 진실하며 불의한 이익을 미워하는 자를 살펴서 백성 위에 세워 천부장과 백부장과 오십부장과 십부장을 삼아 그들이 때를 따라 백성을 재판하게 하라"고 말씀합니다. 모세를 도와 이스라엘 백성을 다스릴 영적 지도자들의 능력은 세상이 인정하는 능력이기보다는 "하나님을 두려워하며 진실하며 불의한 이익을 미워하는" 영적 능력입니다.

이러한 능력을 갖추고 발휘할 때 예수님의 제자로 살아갈 수 있습니다. 오직 하나님께 영광을 돌리는 삶을 살기 위해서는 무엇보다 한국교회가 하나님을 두려워하고, 하나님과 세상 앞에 진실해야 합니다. 세상의 가치에 중심을 두지 않고, 오직 하나님의 말씀에 순종하는 것이 하나님의 영광을 위한 제자의 길입니다.

4. 우리는 자신의 힘으로 제자의 삶을 살 수 없다

하나님의 영광을 위한 거룩한 삶, 제자의 삶은 하나님의 말씀이 우리를 지배해야 가능합니다. 예수 그리스도의 영이 말씀을 통해서 나를 지배해야 그 생명이 내 안에 머물고, 나를 통해서 생명의 역사가 일어납니다. 개혁주의신학을 아무리 외쳐도 실천할 수 없는 것은 우리 안에 예수 그리스도의 생명이 없기 때문입니다. 제자는 자아를 십자가에 못 박고 그리스도의 생명으로 살아야 합니다.

갈라디아서 2장 20절은 "내가 그리스도와 함께 십자가에 못 박혔나니 그런즉 이제는 내가 사는 것이 아니요 오직 내 안에 그리스도께서 사시는 것이라 이제 내가 육체 가운데 사는 것은 나를 사랑하사 나를 위하여 자기 자신을 버리신 하나님의 아들을 믿는 믿음 안에서 사는 것이라"고 말씀합니다. 그리스도는 우리의 인도자이십니다. 옛 자아가 살아 있으면 우리는 예수 그리스도의 사람이 아닙니다.

로마서 6장 6절은 "우리가 알거니와 우리의 옛 사람이 예수와 함께 십자가에 못 박힌 것은 죄의 몸이 죽어 다시는 우리가 죄에게 종노릇하지 아니하려 함이니"라고 말씀합니다. 죄에게 종노릇하는 사람은 예수님의 제자가 아닙니다. 우리의 옛 사람이 죽어야 예수님의 제자가 될 수 있습니다. 로마서 6장 11절은 "너희도 너희 자신을 죄에 대하여는 죽은 자요 그리스도 예수 안에서 하나님께 대하여는 살아 있는 자로 여길지어다"라고 말씀합니다. 우리는 예수 안에 있을 때 참된 생명을 누리고 전하는 제자가 될 수 있습니다.

제자의 삶은 십자가의 고난을 짊어지는 삶입니다. 예수님의 제자로 살면서 많은 고난을 받았던 사도 바울은 이렇게 말합니다.

"유대인들에게 사십에서 하나 감한 매를 다섯 번 맞았으며 세 번 태장으로 맞고 한 번 돌로 맞고 세 번 파선하고 일주야를 깊은 바다에서 지냈으며 여러 번 여행하면서 강의 위험과 강도의 위험과 동

족의 위험과 이방인의 위험과 시내의 위험과 광야의 위험과 바다의
위험과 거짓 형제 중의 위험을 당하고 또 수고하며 애쓰고 여러 번
자지 못하고 주리며 목마르고 여러 번 굶고 춥고 헐벗었노라"(고후
11:24-27).

"하나님이 우리에게 주신 것은 두려워하는 마음이 아니요 오직 능
력과 사랑과 절제하는 마음이니 그러므로 너는 내가 우리 주를 증언
함과 또는 주를 위하여 갇힌 자 된 나를 부끄러워하지 말고 오직 하
나님의 능력을 따라 복음과 함께 고난을 받으라"(딤후 1:7-8).

우리가 받는 현재의 고난은 장차 우리에게 나타날 지극히 큰 영원
한 영광과 비교할 수 없습니다. 로마서 8장 18절은 "생각하건대 현재
의 고난은 장차 우리에게 나타날 영광과 비교할 수 없도다"라고 말씀
합니다. 사도 바울이 겪은 고난이나 디모데가 받게 될 고난이 아무
리 크다 해도 그것은 주님 다시 오시는 날 우리 성도에게 나타날 지
극히 크고도 영원한 영광에 비하면 아무것도 아닙니다.

"우리가 잠시 받는 환난의 경한 것이 지극히 크고 영원한 영광의
중한 것을 우리에게 이루게 함이니 우리가 주목하는 것은 보이는 것
이 아니요 보이지 않는 것이니 보이는 것은 잠깐이요 보이지 않는 것
은 영원함이라"(고후 4:17-18).

우리가 누릴 영광은 지극히 크고 영원하고 무거운데 반해 우리가
지금 겪는 고난은 너무나 일시적이고 가볍습니다. 히브리서 11장 1절
은 "믿음은 바라는 것들의 실상이요 보이지 않는 것들의 증거니"라고

말씀합니다. 믿음이 있는 우리는 눈에 보이는 잠깐의 고난에 휘둘리지 않습니다. 우리 그리스도인은 눈에 보이지 않는 미래의 영광을 믿음의 눈으로 바라봅니다. 잠시 겪는 고난을 오래 참음으로 넉넉히 이깁니다. 십자가의 고난을 통해 부활의 영광에 이를 것을 믿고 소망합니다.

십자가와 부활을 믿는 자들은 약속된 영광을 누릴 자들입니다. 베드로전서 5장 1절은 "너희 중 장로들에게 권하노니 나는 함께 장로 된 자요 그리스도의 고난의 증인이요 나타날 영광에 참여할 자니라"고 말씀합니다. 사도 베드로는 복음을 전하는 과정에 고난을 겪음으로 그리스도의 십자가 고난을 증거하며, 부활하신 그리스도께서 다시 오실 때 보여 주실 영광에 참여할 사람입니다. 이러한 소망이 있기에 그가 지금 겪는 십자가의 고난은 무겁지 않습니다.

고린도전서 10장 31-33절은 "그런즉 너희가 먹든지 마시든지 무엇을 하든지 다 하나님의 영광을 위하여 하라 유대인에게나 헬라인에게나 하나님의 교회에나 거치는 자가 되지 말고 나와 같이 모든 일에 모든 사람을 기쁘게 하여 자신의 유익을 구하지 아니하고 많은 사람의 유익을 구하여 그들로 구원을 받게 하라"고 말씀합니다. 우리 그리스도인은 사람에게 걸림돌이 되어서는 안 됩니다. 모든 일에 자신의 유익을 구하지 않고 많은 사람의 유익을 구하며, 이를 통해 그들이 예수님의 은혜의 복음으로 나아오도록 해야 합니다. 복음 전파에 방해가 되는 생각이나 말이나 행동을 해서는 안 됩니다.

자신의 유익 대신 많은 사람의 유익을 구하는 일은 자기희생을 동반합니다. 예수님은 "아무든지 나를 따라오려거든 자기를 부인하고 날마다 제 십자가를 지고 나를 따를 것이니라"(눅 9:23)고 말씀하십니다. 그러나 우리의 모습은 온전한 자기희생을 보여 주신 예수님을 본받지 못하고 있습니다. 우리는 하나님의 영광을 가리는 우리의 실상을 회개하고, 그 회개에 합당한 열매를 맺어야 합니다(마 3:8).

'오직 하나님께 영광'이라는 구호를 단지 머리로만 이해해서는 안 됩니다. 철저한 자기부인과 회개가 선행될 때만 삶 속에서 열매를 맺을 수 있습니다. 하나님께 영광을 돌리기 위해서 우리 안에 먼저 삶의 변화가 있어야 합니다. 인간을 극도로 높이고 찬양하는 이 시대에, 오직 하나님께 영광을 돌리는 것은 자기를 부인하고 자기 십자가를 지는 사람만 할 수 있습니다.

분열이 죄인 것을 알면서도 하나 되지 못하는 현실, 세속화가 문제라고 말하면서도 회개하여 거듭나지 못하는 상황, 이 모든 것은 입으로는 개혁을 외치면서도 십자가를 지지 않기에 발생하는 것들입니다. 우리가 상실되고 절망 가운데 있는 이 세상에 구원의 기쁜 소식인 생명의 복음을 선포하라는 주님의 명령을 따르기 위해서는 반드시 희생과 봉사의 헌신이 필요합니다. 우리가 굶주린 자들을 먹이고, 헐벗은 자들을 입히고, 고통으로 신음하는 사람들을 위로할 때 하나님께서는 영광을 받으십니다. 바로 우리가 그리스도의 생명을 나눌 때 하나님께 영광이 되는 것입니다.

예수님은 "내가 진실로 너희에게 이르노니 세상이 새롭게 되어 인자가 자기 영광의 보좌에 앉을 때에 나를 따르는 너희도 열두 보좌에 앉아 이스라엘 열두 지파를 심판하리라"(마 19:28)고 약속하십니다.

"이십사 장로들이 보좌에 앉으신 이 앞에 엎드려 세세토록 살아 계시는 이에게 경배하고 자기의 관을 보좌 앞에 드리며 이르되 우리 주 하나님이여 영광과 존귀와 권능을 받으시는 것이 합당하오니 주께서 만물을 지으신지라 만물이 주의 뜻대로 있었고 또 지으심을 받았나이다 하더라"(계 4:10-11).

주께서 영광의 보좌에 앉아 만물을 새롭게 하시는 날, 그의 발 앞에 우리의 면류관을 벗어드리며, 그의 영광과 존귀와 권능을 영원히 찬양하리라! 이러한 소망을 품을 때만 우리는 그리스도를 본받아 희생과 봉사의 삶을 온전히 살 수 있습니다. 사나 죽으나 오직 하나님께 영광! 우리의 유일한 삶의 목적은 바로 그것입니다.